Kunterbunt wie meine Träume:

Tausend Farben hat mein Tag

Bibliografische Information der Deutschen
Nationalbibliothek:

Die Deutsche Nationalbibliothek verzeichnet diese
Publikation in der Deutschen Nationalbibliografie;
detailllllllierte bibliografische Daten sind im Internet
über http://dnb.dnb.de abrufbar,

© Johanna Maria Schwidergall/Peter Mubiru

Lektorat und Korrektorat: Birgit Weiler

Titelbild: Birgit Weiler

Zeichnungen und englische Texte: Peter Mubiru

Verlag: BoD · Books on Demand GmbH, In de Tarpen 42,
22848 Norderstedt, bod@bod.de

Druck: Libri Plureas GmbH, Friedensallee 273, 22763 Hamburg

ISBN: 978-3-7693-5141-5

Gewidmet all denen, die sich an
Poesie und schöner Sprache noch
erfreuen können!

Zeichen

Ich hab sie schon gesehn heut Morgen
Es waren die ersten für diesen Sommer

Spinngewebe im Morgentau
Feucht glitzernd am Wegesrand

So schön und filigran
Herzerfrischend
doch auch ein Zeichen
Ich weiß wofür

(17.8.2023)

8

Morgenstimmung

Mit dem Hund an der Seite
Morgenfrische schnuppern

Die Sonne im Rücken
Wind in den Haaren

ein Gebet auf den Lippen

Kann ein Tag schöner beginnen?

(17.8.2023)

9

Zwischen Schatten und Licht

Wenn sich aus dem Dunkel des Karfreitags
sanft die Schatten lösen
und Karsamstag hervorbringen

öffnet sich ganz langsam der Knoten im Herz

Leise sprießt Hoffnung
Hoffnung auf die kommende Nacht
in der das Licht zurückkehrt
von dem wir leben

(30.3.2024)

Langsam wird es Tag

Unterwegs im Zug
frühmorgens im Dezember
Im Fenster spiegelt sich das Abteil
Nichts zu sehen draußen nur Dunkelheit
Langsam wird es Tag

Eine durchweinte Nacht
von Sorgen schlaflos gehalten
Kein Ausweg in Sicht
Gedanken drehen sich endlos im Kreis
Langsam wird es Tag

Intensivstation
Pfleger eilen lautlos durch die Gänge
überprüfen Apparate
nehmen Ängste
kochen Kaffee zum Wachhalten
Langsam wird es Tag

Der Zug, der mich zu meinem Liebsten bringt
hat Kilometer um Kilometer überwunden
und fährt am Bahnhof ein
Langsam weicht die lange Nacht
Der Tag ist angebrochen

(23.12.2022)

Silvestertag

Altes Jahr –
bald darfst du schlafen gehen

Kannst ablegen die Last von 365 Tagen
dich endlich ausruhen und
nochmals überdenken
was du alles geleistet hast
um dich dann mit dem Gedanken
dass Vieles gut war
zur Ruhe zu legen –

dankbar lächelnd und guten Gewissens

Schlaf gut

(31.12.2023)

Happy end

Abschütteln das Vergangene

Sich recken und strecken
dem Neuen entgegen

Hoffnung – Mut – Zuversicht im Blick
Zeichen erkennen

Reflektieren und zufrieden sein
mit dem was war

Loslassen und verzeihen

Dankbar diesen Tag zu Ende leben
Aufrecht stehn um Mitternacht
Neugierig erwarten was kommt

Happy new year!

(31.12.2023)

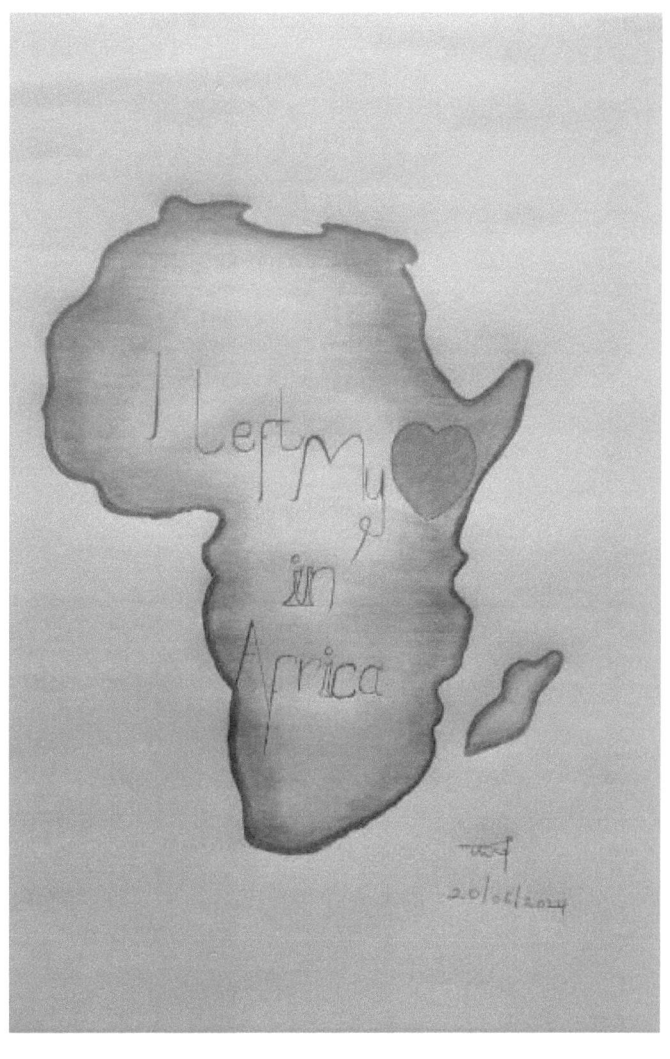

14

On the shores

of the flowing river

our hearts beats

movie at same Time

just like waves

On the sea

An den Ufern

des strömenden Flusses

schlagen unsere Herzen im gleichen Takt

wie die Wellen des Meeres

Peter Mubiru

Schneeküsse

Zärtlich
küssen Schneeflocken
meine Lippen

Kalt so kalt

Erinnerung an dich
schenkt Wärme

Du bist da

Wenn ich an dich denke

wird mein Herz ganz weit
mein Denken leichter
mein Lächeln inniger
meine Seele getröstet

Auf dieses Heilmittel
kann ich allezeit zugreifen

Es ist frei verfügbar
und hat keine Nebenwirkungen

Doch - eine:
Sehnsucht

(6.5.2023)

Farbenfroh

Helle Flecken
im kahlen Nadelwald

Die Laubbäume darin
schmücken sich mit neuem Gewand

Es ist maigrün
und schenkt den Augen Freude

Maienfreude

(8.5.2024)

Am Weihnachtsmorgen

Nebelverhangene Bäume
Wolken scheinen die Erde zu berühren
Dunkelheit weicht nur zögernd dem Morgen

Wo ist das Weihnachtslicht
das von der Krippe ausgeht?
Wo der wegweisende helle Stern?
Kein Halleluja ertönt vom Himmel
Auch der Engel ist nicht zu sehen
der den Frieden auf Erden
zu verkünden hat

Dennoch ist heut Weihnachtstag
Hier und dort und überall

Lasst uns den Stern und den
Friedensengel suchen

Wo?

Ich weiß nicht genau
wo er sein könnte
Vielleicht hat er sich nur versteckt
der Engel der Stern
und ist ganz nah
Ich weiß es nicht
Aber ich fang mal zu suchen an
Bei mir selbst zuerst

(23.12.2022)

Ein Hauch von Heiterkeit

Wenn die Tage länger werden
und die Abende hell
wird das Wintergrau der Seelen
abgeschüttelt

Blumenkränze schmücken die Haare
Das Leben scheint leichter zu werden
ein paar Monate lang

Nicht zählen die Tage

Aufnehmen die Lebendigkeit des Sommers
und die Wärme
die manchmal zu viel ist
hinüberretten
in die kommende dunkle Zeit
als gespeicherte Erinnerung

(9.5.2023)

Tage wie aus Seide

Es gibt Tage
die wie Seide sind:
Fein gewebt
Ohne Knoten
Weich anzufassen
Den Händen schmeichelnd
Sanft fließend
Changierend in vielen Farben
Kostbar und einzigartig

Sie wiegen die rauen Sackleinentage auf
die schon irgendwo warten

(9.5.2023)

24/06/2024

In *darkness I can see you*

In a thousand miles

I can hear your voice

Who are you?

You are my special love

In der Dunkelheit kann ich dich

in tausend Meilen sehen

und deine Stimme hören

Wer bist du?

Du bist meine besondere Liebe

Peter Mubiru

Geburtsort des Stromes

Unscheinbar die Quelle

Ein kleiner Bach
nicht mehr
macht sich auf den Weg
den langen

Und kommt auch an
an seinem Bestimmungsort

Schwarzes Meer –
gefüllt mit Donauwasser

(20.6.2023)

24

Für Annelies +16.6.2023

Schon immer war deine Passion
die Welt zu sehen
Vom bergigen Heimatdorf nach Norden
sesshaft geworden im flachen Land
spähtest du aus nach neuen unbekannten
Zielen
Wie ein Adler der den Horst verlässt
zogst du deine Kreise in die Weite
um wieder dahin zurück zu kehren
wo du dich wohlfühltest:
Mal im Norden mal im Süden
Nie flogst du allein
und fandest immer wieder nach Hause zurück

Doch nun steigst du so hoch wie nie
Weiter als viele Flügelspannen
dem Ziel entgegen
Nicht mehr gefangen
zwischen Nord und Süd
Sondern frei so frei

Flieg flieg hoch und höher
Ich lasse dich frei mit vielen guten Gedanken
und schicke die Erinnerungen mit
Bye bye Annelies…

(20.6.2023)

Am Schluchsee

Wie ein blaues Auge
liegt der See
inmitten der dunkelgrünen Wälder
nicht ruhig heute sondern wild bewegt

Ja komm Wind komm
Durchpuste mich
Blase weg meine dunklen Gedanken
und traurigen Gefühle

Mach meinen Geist bereit
für neue Empfindungen

Trage Schmerzhaftes – Fesselndes
in den Himmel hoch so hoch

Nur dort gibt es sie wohl:
die grenzenlose Freiheit für die
Lebenden und die Toten

(20.6.2023)

Trost

Ich werde geheilt
Spüre wie der Schmerz nachlässt

Nur der Schmerz nicht die Trauer
Trauer darf sein
Ist wie das Pflaster auf einer Wunde
die langsam heilt

Schmerz wird erträglich
wird überdeckt von Erinnerungen
und darf auch
mit Lachen behandelt werden

All das lässt mich fühlen
dass ich wieder atmen kann

Danke Leben

(20.6.2023)

Nah bei dir

Meine Hand
auf deiner Brust
fühlt dein Herz

Ich will es für immer
gut behüten und bewahren

Das verspreche ich dir

Until the end

Dein Name
steht in großen Lettern
tief in meinem Herzen
In meiner Seele auch

Im Herzen wird er verlöschen
wenn es aufhört zu schlagen

In meiner Seele
wird er bleiben für ewig
und mit ihr
dereinst zum Himmel fliegen

(2.3.2024)

Betrachtung

Ruhig und entspannt schläfst du neben mir

Nun kann ich dich mit allen Sinnen
aufnehmen in meine Erinnerung für die
leeren Tagedie kommen werden

Dein geliebter Mund ist leicht geöffnet
Dichte Wimpern verschließen deine Augen
Deine samtene Haut –
wie gern ich sie berühre

Deine Hände die ich über alles liebe
ruhen auf deiner Brust
Du atmest entspannt
Dein Herzschlag hat sich beruhigt
und ist wieder gleichmäßig

Du bist ein schöner Mann –
Es ist wie ein Traum
bei dir zu sein
Gehörst du wirklich mir?

Ich liebe dich so sehr
dass es manchmal
schmerzt

(4.3.2024)

Melodie der Sehnsucht

Diese Sehnsucht in mir
dieses Brennen wird nun gestillt

Der Schlag meines Herzens beruhigt sich
Die Tränen der Freude in meinen Augen
trocknen

Wolken reissen auf
Der Blick aus dem Flugzeug ist frei
Grün und rot unter mir – so muss es sein
Diese Farben genügen
Etwas blaugrau noch vom Lake Victoria
über den wir nun zur Landung gleiten

Wr setzen auf sind sicher gelandet
nach zwölf Stunden Flug

Der erste Atemzug
nach Rauch nach See
und tausend anderen Aromen macht mich
frei - so frei wie lange nicht mehr
Endlich bin ich wieder da
wo ich eigentlich immer sein sollte

Webale nnyo Uganda

Nnankya is back

(22.2.2024)

Weil es nie endet ...

Spürst du es auch manchmal in dir
das Sehnen und Brennen
Das Verlangen nach einem Gegenüber
nach Zärtlichkeit – nach Zweisamkeit –
nach Halt
und jemandem
dem du dich hingeben kannst
mit deinem ganzen Sein
allen Emotionen
deiner Liebe und deiner Lust?

Wie ein Feuer ist es
entzündet vor langer Zeit
nur schwach glühend in den letzten Jahren
aber nie verlöschend
und plötzlich wieder hell auflodernd

Verdränge sie nicht deine Gefühle
Lasse sie zu
vielleicht zum letzten Mal

Lass einfach geschehen was geschieht
Denke nicht nach

Und weine auch nicht

(25.2.2024)

Abends unterwegs

Wenn die Schatten länger werden
der heiße Atem der Sonne sich verflüchtigt
Wenn die Herden nach Hause getrieben
werden
von müden Hirten
Wenn Kinder unter Bäumen
mit leeren Flaschen Fußball spielen
Wenn die Luft nach Matoke duftet
und die grünen Hügel in der Ferne
sich mit weißen Schleiern schmücken –
dann kann ich nicht aufhören
deine schönen schmalen Hände
zu bewundern
die ruhig das Lenkrad halten
Ich sehe mich satt an deinem Profil

Und ich will
dass die Fahrt in diesen Abend
nie endet
An deiner Seite ist Sicherheit

(25.2.2024)

Wie es einmal war

Um die nächste Ecke der kleinen Stadt
sehe ich dich kommen wie damals:

Groß und schlank mit lässiger Eleganz

Ein breites Lächeln in deinem geliebten
Gesicht
Die Arme weit offen
um mich zu empfangen
fest zu halten
an dich zu drücken
als wolltest du mich nie mehr loslassen

Deine sanfte Stimme sagt::
Welcome Akiiki
Welcome in Fort Portal - Welcome in my Life

Nichts ist für immer
Auch die festeste Umarmung
löst sich irgendwann

Nichts bleibt von den Worten
den gesagten und den ungesagten
Nichts bleibt - Nur die Erinnerung an einen
wunderbaren Mann
und ein Windhauch der flüstert: Akiiki
Bis dann geliebter Araali

(24.3.24)

Zwiegespräch mit Araali

In den Bananenstauden flüstert der Wind
Was will er mir erzählen?

Dass du wiedergekommen bist
in einem anderen Mann
der meine Erinnerungen an dich
meine Gefühle für dich
neu aufleben lässt?

Dass ich erneut deine Zärtlichkeit spüren darf
obwohl sie nicht von dir kommt?

Ein fremdes Gesicht – dennoch vertraut
Fremd schmeckende Küsse
doch so süß wie deine
Zärtlichkeit deiner Hände im Übermaß
aber nicht von dir

Kann sich Liebe wiederholen?
Hast du ihn mir geschickt
um die Erinnerung an dich wach zu halten?

Sie wird nie vergehen
Auch nicht in seinen Armen

Ich öffne mein Herz und lasse geschehen
was geschehen soll
Ich lass es zu - so wie einst mit dir in Kampala

(24.3.2024)

Kreislauf

So vertraut dieses Land
als lägen seine Bilder
viele Jahrzehnte schon oder noch länger
tief in meiner Seele

Aufbewahrt für die Tage
In denen ich zurückkehre dahin
wo ich schon viele Male wari
in diesem Leben
und wohl auch in einem früheren
Es kann nicht anders sein

Ursprungsort – Heimat

Wiedergefunden wiedererkannt
in Natur und Menschen
die mir wohl nahestanden – einst
die ich wiedergefunden habe – jetzt

Ewiger Kreislauf des Lebens

In Bewegung gehalten von Liebe die nie
endet

Ich mittendrin

Mein Leben ist schön

(29.2.2024)

Gefüllt

Ein Strom von Liebe
zieht durch meine Adern
Jeder Herzschlag transportiert Liebe

Ich schütte aus
verströme direkt
und bade darin

Welch starke Gefühle darf ich erfahren
Gebe mich hin dem Augenblick
Aufgehoben aufgefangen
in der Liebe Gottes
und der Menschen um mich

Ich trinke Liebe
Ich atme Liebe
Ich bin Liebe

(3.3.2024)

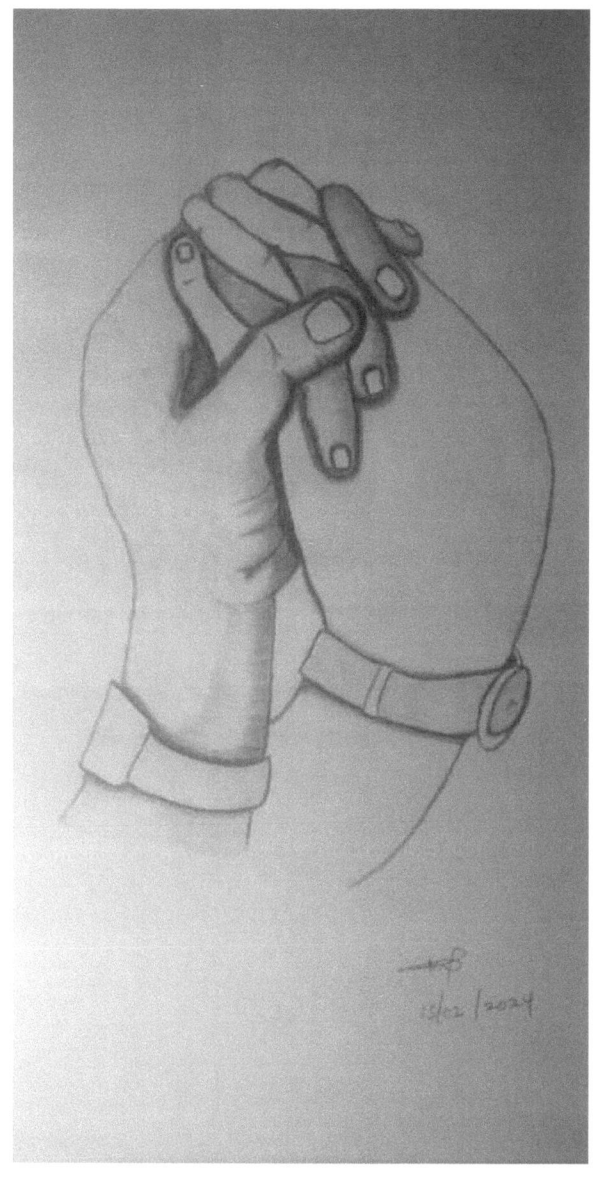

My eyes

every day are open

but can't see better

It's only one moment

they can see better

That's when see you

Meine Augen sind jeden Tag offen

Aber ich kann nicht besser sehen.

Es gibt nur einen Moment

in dem ich besser sehe:

Das ist wenn ich dich sehe

Peter Mubiru

Bei Luzern

Hier am See so friedlich

Blaue Stunde überm Wasser

Menschen unterwegs
Verschiedene Nationalitäten
lachen miteinander
tauschen sich aus
erfreuen sich am Sommertag

Sind fröhlich entspannt
und gut gelaunt

Doch irgendwo ist immer Krieg –
auch heute

(27.5.2022)

Statt eines Fotos

Einen Platz am See hab ich gefunden
zu sitzen zu sehen zu staunen

Kleine Wellen besuchen das Ufer
Das Schilf tanzt im Wind
nach lautloser Melodie
Enten schnattern
sich Neuigkeiten zu
Schwäne ziehen ihre Kreise
Sind sich treu ein Leben lang
sagt man

Wolkengebirge
runden das Bild ab

Welch kostbare Minuten
Nicht zum fotografieren
Doch zum bewahren im Herzen

(25.5.2022)

Leben

Ein schmaler Streifen Rot
zeichnet heute schon Hoffnung
in den noch dunklen Morgenhimmel

Hoffnung auf morgen
Hoffnung auf Auferstehung
Hoffnung auf neues Leben

Ostersonntag kündigt sich an

(17.4.

Am Ostermorgen

Sacht
öffne ich die Tür der alten Kirche
Wohltuende Leere
beruhigende Stille
umfangen mich

Vertraut und immerwährend glüht
das Ewige Licht in der Ecke
Leicht flackernd
als das Zeichen für
ER IST DA

Der Duft nach Weihrauch aus der
Osternacht
hängt noch im Raum
Tief atme ich ein und aus
und spüre neue Kraft
neue Hoffnung
neues Leben

(17.4.2022)

Furchtlos

Alle Wege
beginnen mit dem ersten Schritt
Weiter als zur nächsten Biegung
kann man nicht sehen
Dahinter liegt Neuland

Die Schritte
führen ins Unbekannte
Angst machende

Herausforderungen
erkennen und annehmen
Ab und zu ein Blick zurück
doch nicht zu lange dort verweilen
Mutig vorwärts

Getragen von Vertrauen
und Wegbegleitern
an der Seite

Geführt von einem Lotsen
der den Weg kennt – schon lange –
und auch das Ziel

Furchtlos wollen wir gehen

(1.10.2020)

Entfernung

Ein ganzes Stück weg von hier
ist die Nordsee

Denoch meine ich
der Wind bringt einen Hauch Seeluft mit

Fast spüre ich Salz auf meinen Lippen
die Wellen um meine Füße
Feuchtigkeit in meinen Haaren

So ist es auch mit Gott und mir:
Fern ist er doch nah
nicht zu sehen
doch stets zu spüren

(3.9.2021)

45

Abgabe

Die Sorgen meines Alltags
habe ich
herausgesucht
gestapelt
zusammengeschnürt
und in den Flur gestellt

Ich will sie nicht mehr
Hol du sie ab
Trag du sie für mich
Sorg du Jesus

(22.5.2022)

Noch immer

Du berührst noch immer mein Herz
Lässt es nicht los
Willst es nochmal erobern

Ich fürchte mich davor

Habe ich dich doch lange schon
entfernt aus meinem Leben
aus dem Herzenswinkel
In dem du einmal gewohnt hast

Aber
wirklich los werde ich dich wohl nie

(30.5.2022)

In der Straßenbahn

Ein Mann stand auf
Sah mich an
Dunkle Augen in schwarzem Gesicht

Mein Blick
verhakt sich in seinem
solange bis die Bahn hält
und er aussteigt

Ich sah nicht seinen Mund
er nicht mein Lächeln
Die Masken haben es verhindert

Doch schenkte ich ihm meinen Blick
Er gab mir seinen mit auf den Weg

Hätte er mir seine Hand gereicht –
Ich wäre mit ihm ausgestiegen

Aber ich sah ihn
nur noch einmal im Vorbeifahren
Selbst die Scheibe
konnte unsere Blicke nicht trennen

Ich werde von ihm träumen – zumindest
heute
Und den Rest der Woche von Afrika

(20.9.2021)

Aufbruch I

Mit weiten Schritten
dem Frühling entgegen

Arme weit geöffnet
zum fliegen

Zielort:
Sommer

(20.2.2022)

Abends im Sommer

Tage die endlos scheinen
Nächte erfüllt von Blütenduft
Musik komponiert von Grillen und Vögeln
Wasser das zum Schwimmen lockt
Gespräche am brennenden Feuer
Tanzen im Schein des vollen Mondes –
ein Sommerabend

Gemacht um
aufzutanken
inne zu halten
Leben zu spüren

Davon einen Hauch mitnehmen
um daran zu erinnern
an den frostigen nebligen Tagen
die kommen werden

(11.7.2021)

Erkenntnis

Wenn sich
das alte und das neue Jahr
um Mitternacht begegnen
im zeitfreien Raum

wachsen
in diesem Moment
Erinnerung und Hoffnung
die uns Halt
für die Zukunft geben

(1.12.2021)

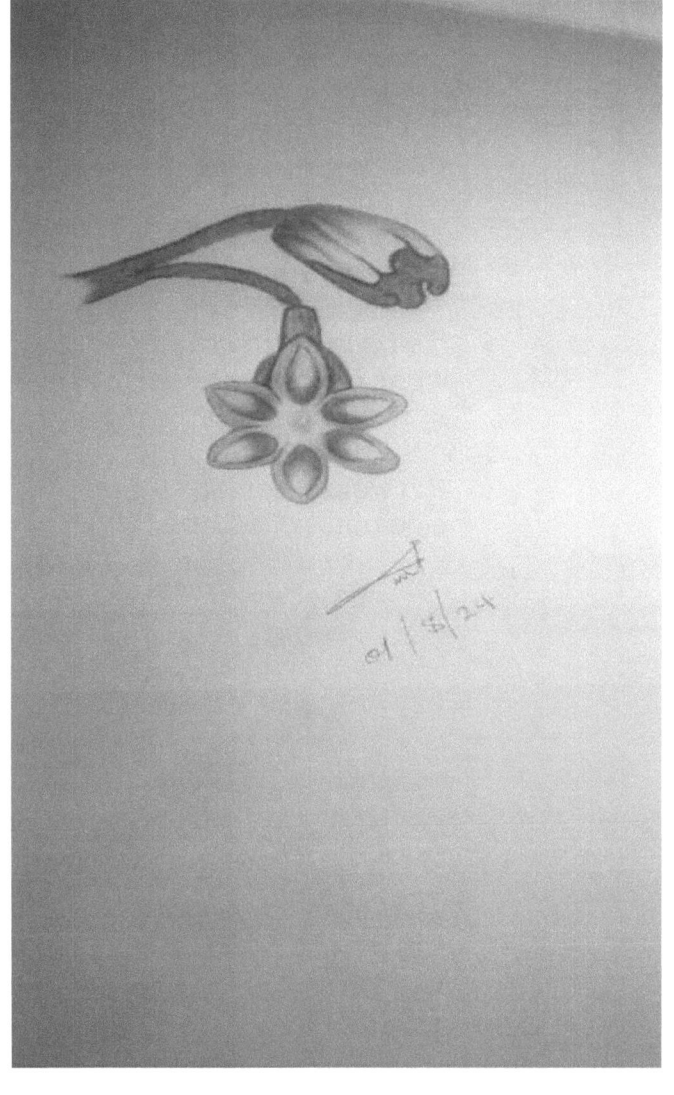

Love is natural
So when I say I love you
then I mean it
I will never give up
my natural love
to you
darling

Liebe ist natürlich
Wenn ich also sage
Ich liebe dich
dann meine ich es auch so
Ich werde niemals
meine natürliche Liebe
zu dir
aufgeben
Liebling

Peter Mubiru

Symbol

Ein sehr blauer Himmel
über
sehr gelben Osterglocken
und Primeln

Die Natur
zeigt sich solidarisch
mit einem
gepeinigten Land

(1.3.2022)

Erwachen

Aufgewacht
in einer anderen Zeit
so scheint es

Eingeholt
von lang zurückliegender Vergangenheit

Verwirrt
Verängstigt
Verloren
gehen wir durch diese Tage

Von Morgen zu Morgen
neu hoffend
auf ein Ende
des Krieges

(28.2.2022)

Falsche Reihenfolge

Angreifen
Zerbomben
Zerstören
Angst haben
In Kellern hausen
Leiden – sterben

Dann verhandeln
Hoffnung wecken
Optimismus stärken

Verhandlungen gescheitert
Aufs Neue
angreifen zerbomben zerstören
bis zum nächsten verhandeln

Warum nicht zuerst
an einem Tisch verhandeln
ehe Bomben fallen?

Reihenfolge ändern wäre auch
eine Lösung

(1.3.2022)

Amen

Der Gott
an den ich glaube und dem ich vertraue

wird den Kopf schütteln
über seine Kinder

Seit er die Welt erschaffen
sieht er Kriege – immer wieder

Sieht
wie Menschen sich zerfleischen
und auslöschen -
eines Landes
oder einer Grenze
oder einer Gesinnung wegen -

Sogar in SEINEM Namen

Es hört nicht auf
Niemand scheint sich mehr
an die Gebote Gottes zu halten

Nur wenn die persönliche Not sehr groß
schreien sie nach ihm
machen ihn verantwortlich
für alles Leid und fragen: Wo bist du Gott?

Wann begreifen sie endlich
dass nicht Gott das Elend macht?
(8.3.2022)

Buchstabentausch

Ein hässliches K
hat das grässliche C
über Nacht
von Platz eins
der allgemeinen Aufmerksamkeit
verdrängt

Nur die Angst
ist gleich geblieben

(2.3.2022)

Geh endlich

Lass mich
in Ruhe
und verschwinde
endlich aus meinen Träumen

Ich habe bezahlt
für deine Untreue
mit Einsamkeit und Tränen

Ich habe dich beschimpft
und ich habe dir verziehen

Störe nicht länger mein Leben
das soviel besser ist ohne dich

(24.5.2022)

Ich schaue

Männer
gehen vorbei auf dieser Promenade
Ich freue mich an ihnen und schaue
hinterher:

Den jungen
deren Zukunft ungewiss
aber dennoch gewiss vor ihnen liegt

den älteren
die – getrieben von wichtigen Dingen -
vorübereilen

und den alten
deren Augen das Funkeln noch nicht
verlernt haben
die bewusst jeden Tag mit allen Sinnen
genießen

Ich schaue und staune
und erinnere und koste aus
ganz intensiv und mit allen Sinnen
den heutigen Tag

(25.5.2022)

Mitbewohner

Ich lebe nicht mehr alleine
Habe zwei neue Mitbewohner
ohne sie bisher zu bemerken

Heute früh fand ich in einer Ecke
die Eisamkeit
Sie richtete sich gerade gemütlich ein
und grinste mich frech an

einer anderen Stelle
saß die Angst
sich groß aufplusternd
als sie mich sah

Beide habe ich nicht eingeladen
Sie sind einfach eingezogen ohne zu fragen
Ich mag sie nicht

Deshalb nehme ich den Besen
und kehre sie weg

Hoffentlich vergessen sie wo ich wohne

(21.8.2023)

Love is a gentle voice
which whispers hearts
with a melody
rhythm of soft kisses

Die Liebe
ist eine sanfte Stimme
die die Herzen
mit einer Melodie
aus zarten Küssen verzaubert

Peter Mubiru

Sehnsucht

Eine Umarmung
wäre jetzt schön

Nach einem Kuss
sehne ich mich

Verlernt man küssen?

Keine Ahnung

Rausfinden
werde ich das
wohl nicht mehr

(25.5.2022

Rezept

Menschen
brauchen Menschen

Die Nähe des anderen
gibt Halt und Kraft und Mut

Zusammenstehen
ist besser als alleine sein

Aufeinander zugehen
sich umarmen
ein liebes Wort schenken
oder auch nur ein Lächeln

Lasst uns
die Welt verbessern

(6.6.2022)

65

Für Amy

Amy ist gegangen
Nicht an der Leine
sondern frei

So läuft sie über die
Regenbogenbrücke

Bleibt noch einmal stehn
dreht sich um
und dankt mit ihren treuen Augen
für all die Liebe
die sie bekam

Dann wendet sie sich dem Horizont zu
Löst sich auf im Morgenlicht
und schwebt ihrem Ziel entgegen
Frei ungebunden glücklich

Auf Wiedersehn geliebtes Tier

(9.10.2020)

Handarbeitsstunde

Neben mir auf dem Tisch ein Häkelmuster
Jemand hat es sich ausgedacht
und aufgeschrieben

Ich halte die Nadel in meiner Hand
Schlinge die Wolle an - bunte Wolle
bei der die Farben harmonisch
Ineinander fließen

Ich beginne
Komme zur Ruhe
Lasse Gedanken zu
Mache Pläne verwerfe sie wieder
Träume vor mich hin –

Und meine Hände häkeln

Ich bedenke:
Das Tuch meines Lebens
ist schon ziemlich groß
Die Anleitung hat gestimmt
Kleine Feher sind fast nicht zu sehen
Wie groß das Tuch am Ende sein wird
weiß ich nicht
Auch nicht wie lang der Faden noch ist
Aber ich weiß eines:
Er ist bunt - so schön bunt

(14.9.2021)

Erinnerung

Ich –

ein kleines Mädchen noch

erwache wintermorgens

Mama füttert den Ofen
erweckt das Feuer zum Leben

Sie kommt an mein Bett
Steckt das schwere Deckbett um mich fest
und flüstert zärtlich:
Schlaf weiter, Hannele

Dann öffnet sie das Fenster zum Lüften

Ich lausche dem Mann in Radio
Frage mich wieder einmal
wie der wohl darin wohnt

Eingehüllt in ein dickes Federbett
umsorgt von Mamas grenzenloser Liebe
und der Vorfreude aufs Christkind
das schon unterwegs ist

(1.12.2020)

Unerreichbar

Ein Komet
mit bloßem Auge
zu erkennen
durchpflügt
die warmen Nächte
dieses Sommers

Ich gebe ihm
meine Wünsche
für die nächsten tausend Jahre
mit auf seine Reise
in der Hoffnung
keiner möge verglühen

(13.7.2020)

Noch nicht zu spät

Manchmal muss es Fabe sein
die der Seele gut tut

Als Kind trug sie Sachen
die nicht auffielen:

Einen dunkelblauen Mantel
Einen grauen Rock
Braune oder schwarze Schuhe
die zu allem passten:
Zu Freud und Leid und einem Maientag

Heute sah sie in einem Geschäft
rote Tennisschuhe und kaufte sie

Ohne zu überlegen
erfüllte sie damit den Wunsch
eines kleinen Mädchens
das siebzig Jahre warten musste
Auf rote Schuhe

(3.9.2021)

Heute nicht

Nein danke
Ich möchte keine neuen Pandemiezahlen
hören

Nein danke
Keine Bilder über Terroranschläge
für meine Augen

Nein danke
Auch die Verschmutzung der Weltmeere
Interessiert mich heute nicht
Genausowenig wie Europas Schuldenberg

Ich setze heute meine Scheuklappen auf
und gehe einfach
durch diesen Sommertag

mit seiner Wärme seinem Überfluss
als gäbe es nur ihn und mich

(14.8.2021)

Bridge over troubled water

Mehr als 50 Jahre zurück - es ist 1968
nicht real aber im Fernsehprogramm

Simon and Garfunkel
Helden meiner Jugend

Songs of America - so lange her
Die Doku führt mich zurück In meine
Jugendjahre
Mein Vater hasste englische Lieder
stellte das Radio ab
Er ist der Herrscher in unserer Familie

Ich verstehe kein englisch damals
aber die Songs
gehen direkt in mein Herz
Abrufbereit noch heute

Dort wohnen auch noch die damals
geweckten Träume und Wünsche

Auch sie sind nie gestorben

(14.9.2021

Verwandlung

Aus Winter wird Frühling
aus Kälte Wärme

Helle löst das Dunkel auf
Beständigkeit beruhigt das Herz

Mut verdrängt Verzagtheit
Hoffnung wächst aus Glauben
Neues bildet sich aus Altem

Aus Nacht entsteht der Tag
Aus Karfreitag erstrahlt
der Ostermorgen

Aus Tod wird Auferstehung
und daraus ewiges Leben
für alle die daran glauben

So ist es uns versprochen

Auch für dieses Jahr

(14.4.2021)

Begegnung

Jedes Jahr
begegne ich dir auf meinem Osterweg
Du trittst mir entgegen
Versperrst den Weg
sodass ich nicht an dir vorbeikomme

Du sprichst nicht
doch deine Präsenz ist so stark
dass ich mich dir stellen muss

Was willst du von mir, Judas Ischariot?
Wer bist du?

Freund oder Feind
Hetzer oder Gehetzter
Treibender oder Getriebener -
Ich weiß es nicht sag du es mir

Auf Augenhöhe stehen wir
Ich muss dich anschauen ob ich will oder
nicht

Nichts von dir spricht mich an:
nicht deine Gestalt
nicht deine gequälte Miene
nicht deine bittenden Hände

Mein Blick weicht deinem nicht aus

Meine Seele erschauert als sie erkennt
was ich in deinen Augen sehe:

Den gleichen Schmerz die gleiche Trauer
die auch ich empfinde für den Gekreuzigten

Doch meine Trauer wird sich
im Sonnenaufgang des Ostermorgens
auflösen
während deine unauslöschlich ist

Auch Geld macht dich nicht frei davon

Ich habe Mitleid mir dir Judas
und verstehe deine Rolle noch immer nicht

Ich will dich trösten und dir sagen
dass auch dir vergeben ist

Doch du bist schon gegangen

(10.4.2020)

Segen to go

Nein sie kommen nicht dieses Jahr
Ich brauche nicht zu warten

Es wird nicht an der Tür klingeln
Niemand wird kommen und Segen bringen

Nein sie kommen nicht

Das bereitliegende Geld
und die Tüte mit Süßkram –
ich räume alles weg
denn sie kommen nicht

Obwohl der Stern nahe war wie lange nicht
und gut zu erkennen

Aber auch Könige brauchen Distanz
in diesen Zeiten

Deshalb kommen sie nicht

Ich werde den Aufkleber für die Tür
Im Briefkasten finden
oder abholen in der Kirche

20+C+M+B+21

Den Segen dazu gibt's automatisch
To go wie so manches heutzutage

Wäre schön wenn sie kämen
Doch sie kommen nicht dieses Jahr

Ich vermisse sie die Sternsinger

Aber ihr Segen begleitet mich
dennoch auch
die nächsten 365 Tage

(6.1.2021)

Als die Weihnachtsfreude zurückkam

Weihnachten auf Sparflamme –
Wie soll das gehen?

Es entspricht nicht unseren Gewohnheiten
bescheiden und womöglich alleine
das Fest zu feiern

Umdenken ist angesagt dieses Jahr

Ein kleiner Funke Weihnachtsfreude
gerettet aus unserer Kindheit
und bewahrt bis heute
schlummert noch in uns

Ihn gilt es zu entfachen
zur wärmenden Flamme

Solche Dinge geschehen im Kleinen
und brauchen keinen Luxus

Wenn dieser göttliche Funke
wieder in uns glüht
und wärmt und froh macht

auch offen für neue Erfahrungen –

Wenn wir es schaffen
Ihn weiterzugeben an den
der uns am nächsten ist –

Wenn dieser ihn auch weitergibt
und ein Dritter ebenfalls –

Dann ja dann ist Weihnachten 2020
kein verlorenes Fest
sondern ein warmes
strahlendes
Mut machendes

Ein Fest der Liebe eben

(12 12 2020)

Vergebliches Warten

Ein Mistelzweig
am roten Band
hängt über der Tür

Darauf wartend
dass Zwei vorbeikommen
um sich darunter zu küssen
Bei aller Liebe:
Wie tauscht man Küsse
mit einem Meter fünfzig Abstand?
Das wird nichts dieses Jahr

(14.1 80

Übungssache

Geduldig sein heißt das Gebot der Stunde

Inne halten still werden
Sich selbst kennen lernen und aushalten
Allein mit sich heißt nicht einsam

Hinabsteigen
zum göttlichen Funken in mir

Reflektieren erinnern lächeln
Loslassen verzeihen

Zurückfinden in den Alltag

Gestärkt und freundlich
dem Jetzt entgegentreten

 Aufatmen
Jacke anziehen
und hinaus in die Weite des Wintertages

(17 12 2021)

Aufatmen

Laut göttlicher Anordnung
haben wir Atem zu schöpfen

Gewohntes loszulassen
Neue Kreativität zu entwickeln
menschlicher zu werden

Die Natur macht mit
schöpft neue Kraft

Repariert sich ein Stück weit selbst
Ruht aus und erholt sich

So ist allen geholfen:
Pflanzen Tieren Menschen

(14 4 2020)

Was schrieb er in den Sand

Was schriebst du in den Staub
während die Frau beschämt vor dir stand
herbeigeschleppt von der Menge?

Soll nur sie bestraft werden?
Zum Ehebruch gehören Zwei

Wer fragt
ob sie verführt oder gezwungen wurde?
Du schreibst schon wieder
und verwischt es

Ist es das Gesetz des Mose
das du vernichtetst oder veränderst?

Deine Frage nach dem ersten Stein war klug
Nun schämen sich die anderen und
schleichen sich davon

Die Frau und du Jesus alleine

Sie muss nicht mehr beschämt sein
weil du sie nicht verurteilt hast

(28 8 2024)

Everyone

has jealous in me

Why?

Because I am in Love

with my beautiful

queen of my heart

Jeder

ist neidisch auf mich

Warum?

Weil ich in die schöne

Königin meines Herzens

verliebt bin

Peter Mubiru

Advent und Weihnacht 2023

Die letzten Blätter sind gefallen,
nun beginnt die stille Zeit.
Graue Winternebel wallen,
sie erwecken in uns allen
Sehnsucht nach Behaglichkeit
und nach Licht in Dunkelheit

Kerzen flammen hinter Scheiben,
senden weit hinaus den Strahl.
Wenn sie Leid und Not vertreiben
und Hoffnung, Freude, übrigbleiben
dann ist es auch dieses Mal
 in uns wie ein Widerhall

von erlebter Weihnachtsfreude,
wie sie in der Kindheit war.
Dies zu spür'n im Jetzt und Heute –
daran kranken wohl die Leute,
suchen sie von Jahr zu Jahr,
werden ihrer nicht gewahr.

Unsre Welt scheint aus den Fugen.
Glaube ist ein leeres Wort.
Werte, die uns einstens trugen
gelten nichts mehr bei den Klugen,
die – so scheint es immerfort
so vieles ändern Ort für Ort.

Lasst euch nicht davon erschrecken!
Feiert diese Weihnachtszeit.
Treibt die Angst aus aus allen Ecken,
sie soll sich dort nicht verstecken.
Etwas zu ändern seid bereit,
nun ist dazu Gelegenheit.

Öffnet eure bangen Herzen,
lasst herein die Menschlichkeit.
Diese mildert manche Schmerzen,
leuchtet auf wie tausend Kerzen,
und zieht ihre Kreise weit.
Sie verbindet, was entzweit.

Schaut getrost zur Krippe hin,
sie ist unser Hoffnungsort.
Weihnachten heißt Neubeginn
und gibt unserm Leben Sinn,
lässt erblühen, was verdorrt,
weil geboren Gottes Wort.

Lasst uns also Freude haben
an Advents- und Weihnachtszeit.
Gott schenkt uns so viele Gaben,
daran wollen wir uns laben.
Darum macht die Tore weit – und habt
Freude, wenn es schneit!

(29.11.2023))

Auf dem Weg zu dir

Die Stimmen des Morgens
locken mich heraus
aus meinem Traum
in dem ich noch verweile

Geschenkt wird mir
ein neuer Morgen
ein neuer Tag

Das sind wieder
vierundzwanzig Stunden
die mich näher zu dir bringen

(16 8 2024)

Ganz einfach

Ringsherum Sonntag
Ich mittendrin

Grund genug

heut glücklich zu sein

(3.8.2024)

Wenig ist genug

Manchmal braucht es nur wenig
um das Herz zu erfreuen:

Mit der Freundin eine Bluse kaufen
Männern nachschauen
die unterwegs sind
Einen Eisbecher
im Straßencafe genießen
mit den Frauen vom Nebentisch
ein Gespräch beginnen

Oder unter einem Baum
auf einer Bank sitzen
und Gedichte schreiben

(10.8.2024)

Im Städtchen

So viele Jahre vergangen
seit ich hier lebte
Erinnerungen tief verwurzelt
drängen an die Oberfläche

Ich als ganz junge Frau
Erste Schritte in die Unabhängigkeit wagend
weg vom Elternhaus

Zaghafte Erfahrungen mit Männern
Liebeskummer ohne Ende
Dr. Schiwago im Kino
Durchtanzte Nächte
Verliebt – entliebt

An der Ecke dort drüben
den einen treffen
der meine größte Liebe wird
dessen Herz zu gewinnen
und seine Frau zu werden –
Welch' glückliche Zeit

Erinnerungen stimmen milde
Legen einen
zarten Schleier der Dankbarkeit
über Gutes und Ungutes

Decken zu was schmerzhaft war

Freu dich

dass deine Seele alles gespeichert hat
für die Erinnerungsbox deines Lebens

Freu dich
wie reich dein Leben
noch immer ist

Alles ist gut –
alles ist gut

(10.8.2024)

Demut

Irgendwann
bist du satt
von deinen großen Wünschen
und Erwartungen
und willst nur noch
dein kleines überschaubares
Leben zurück
mit all seinen Sorgen und Kümmernissen
nur von dem einen Wunsch beseelt:
Gesund zu sein

(11.8.2024)

The day

when you come back to me –

it will be like two

beautiful birds

in the middle oft he ocean

feeling the fresh air

Der Tag

an dem du zu mir zurück kommst –

er wird sein

wie für zwei schöne Vögel

die in der Mitte des Ozeans

frische Luft spüren

Peter Mubiru

Stiller Beobachter

Beobachtet fühlte ich mich
dort auf den Steinen am Bach sitzend
meine Träume in das Himmelsblau schickend
und meiner Sehnsucht einen Namen gebend

Alleine wollte ich sein
in stiller Mittagsstunde

Den Blick hebend
sah ich in starre Augen
auf mich gerichtet
vom anderen Ufer aus

Dort stand er
auf einem Stein in des Flusses Mitte -

Grau und unscheinbar
doch majestätisch und voll Anmut
Stolz auf einem Bein –

Der Reiher

Wir tauschten Blicke
im zeitlosen Raum des Mittags

Blicke zwischen gestern heute und morgen
Lange Blicke von Geschöpf zu Geschöpf

Dann flog er lautlos davon
Erhob sich elegant in die Lüfte
und entschwand meinen Augen

Eine Stimme sagte leise:

Eines Tages wirst auch du fliegen können

(18.8.2024)

Gereimtes

Ich hör den alten Bäumen zu
und auf ihr leises Raunen

In ihrem Schatten find ich Ruh'
kann sehen und bestaunen
wie sie seit vielen Jahren
behüten und bewahren
den Wald in seinem Grün

Jede Spur
in der Natur
hat ihren tiefen Sinn

(23. 8. 2024)

Zu Ende

Die langen Tage sind vorbei
Sommer geht dem Ziel entgegen
Wie mild so mancher Tag auch sei
nächtens fällt oft schwerer Regen
und stimmt mich ein auf kühle Zeit
Ist es wirklich schon soweit?
Eben erst war Sonnenwende!
Verwundert nehme ich nun wahr
wie schnell vergeht auch dieses Jahr
Der Sommer ist zu Ende

Doch ich steh nicht mit leeren Händen
und habe Grund zur Freude
Schon viele Sommer sah ich enden
Verstehen kann ich heute
dass jede Zeit ein Ende hat
verweht wie eines Baumes Blatt
und niemals kehrt sie wieder
Wie schön, dass ich noch bin
Geb mich dem Leben hin
Und singe seine Lieder

(22 8 2024)

Sehnen

Manchmal irgendwo irgendwann
zu unterschiedlichen Zeiten
fühle ich in mir
Sehnsucht wachsen wie eine Meereswelle
die mir Angst macht
auf mich zukommt
mich überoll
wegträgt und anspült -
Irgendwo an fremden Ufern

Dummes Herz warum dieses Sehnen?
Hast doch alles:
Liebe Gesundheit Glück
Alles was man so braucht

Was willst du mehr? Was fehlt dir?
Sei zufrieden
Schlage ruhig weiter im Takt
Lass dich nicht verwirren

N e i n
Sehne dich weiter
träum deine Träume
Male dir Bilder in allen Farben
Lass dir diese Sehnsucht nicht nehmen

Denn ohne sie bin ich tot

(1998)

Flohmarkt

Angeknackste Seelen
Verbrauchte Körper
Brüchige Charakter
Zertretene Gefühle
Zerbrochene Herzen
Leergeweinte Augen:

Das sind Angebote
auf dem Trödelmarkt des Lebens

Nimm dir Zeit
Suche aus
Fange an zu restaurieren

Und staune
welch kostbaren
Einzelstücke entstehen können

(2000)

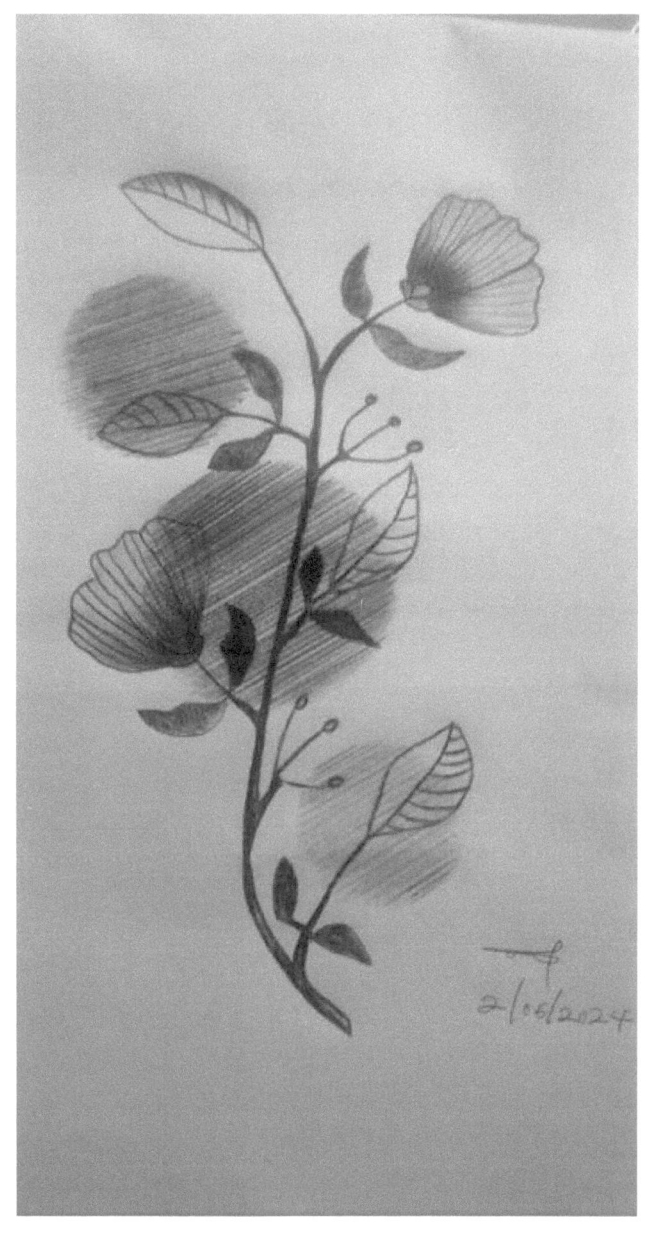

2/05/2024

It was my first time

to hold you from behind

And your head

on my neck

created a lot of communication

to my body

Es war das erste Mal

dass ich dich

hinter dir stehend

umarmt habe

Dein Kopf

an meinem Hals

hat eine Menge Kommunikation

mit meinem Körper ausgelöst

Peter Mubiru

Ganz einfach glücklich

Tage – verbracht mit Menschen
unterschiedlicher Prägung und Herkunft
Herantasten
Fühlen
In Augen schauen und Liebe sehen
Wärme spüren
Nähe greifbar machen
Vereinigung der Gedanken –

das sind Sonnenkringel
auf dem schwarzweiß gemusterten
Fleckenteppich des Lebens

(2000)

Herbst

In des Sommers ausgetretenen
verblassenden Spuren
wandelt der Herbst

Als Begleiter den Wind
Aus Nebelschleiern das Gewand

Mit sonnenwarmem Rücken
und Spinngewebe im Haar
in der Hand die Farbpalette

so schreitet er in den
noch warmen Fußstapfen
seines Vorgängers

Und geht doch eigne Wege

(2000)

Himmelswesen

Du siehst hübsch aus sagte er
und redest so klug

stimmt bist du empfindsam
sagte er und sensibel
In deinen Augen sehe ich Zärtlichkeit
Du bist einfach ein Engel

All das sagte er

Da nahm ich den Balsam den er mir reichte
und rieb meine
ausgetrocknete Seele damit ein

Ich redete klug
gab mich empfindsam und sensibel
und ließ ihn von meiner Zärtlichkeit kosten
Ich fühlte mich als Engel –
eine ganze Nacht lang
Doch am nächsten Morgen waren meine
Flügel zerbrochen

(2001)

Erwachen

Frühes Sonnenlicht
an der gedunkelten Balkendecke
über meinem Bett

Zwitschern und flöten der Vögel
aus dem nahen Waldstück

Matter Wind
spielt mit hohem Gras

Vom Bretterdach springt die Katze
in raschendes Laub

Die Nacht ist vorüber

Zeit zum Austehn

(2001)

107

Hoffnung

Fern
am Horizont
rot leuchtende Sonne

Versinkend ins unendliche Blau
Ertrinkend in des Meeres Tiefe
Nicht mehr sichtbar für meine Augen
Erloschen verschwunden ertrunken meiner
Sicht langsam entzogen –

senkt tiefe Traurigkeit in mein Herz
rührt zu Sehnsucht und Tränen

und lässt doch hoffen
auf neues Erwachen
neues Beginnen –
morgen

(2001)

Frühe

Der erwachende Morgen trägt
auf seinen Armen
noch die Stille der Nacht vor sich her

Ich kehre zurück
aus der sinnlichen Welt meiner Träume
in denen alles möglich ist

Umwoben von Schleiern
bleibt das Geheimnis meines Traumes
unentdeckt

Eine unendliche Leere
macht sich in meinem Herzen breit

Die Erscheinungen der Nacht
sind mir nahe – so nahe –
und doch in weite Fernen entrückt

Mit dem Erwachen endet die Reise
in mein Ich

(2002)

Durch Burgund

Herbstlicher Mittag
über noch grünen Wiesen
Sonnenlicht glänzt
auf abgeernteten Feldern

In buntgefärbten Weinbergen
hängen pralle blaue Trauben
auf die Kelter wartend

Wehrhafte Kirchen
Einsame Herrenhäuser
Weißgekalkte Winzerhütten
grüßen von rechts und links

Gesegnetes Burgund –
Gottes Lächeln auf lieblichem Land

(1994)

Sternenbett

Pflücke mit mir
die leuchtenden Sterne
vom nachtblauen Himmel

Baue uns daraus ein schimmerndes Bett

Liebe mich
und verglühe mit mir
beim ersten Sonnenstrahl

(2000)

Geben und nehmen

Am Leuchten deiner Augen
konnte ich es sehen

Am Streicheln deiner Hände
konnte ich es fühlen

Am Zittern deiner Stimme
konnte ich es hören:
Du bist bereit

Finde die Antwort
in meinem Kuss

(2000)

Es ist gut so

Rotwein im Glas
samtene Glut
Wir trinken uns zu - alles ist gut

Nimm meine Hand
hab doch den Mut
fühl mein Begehren - alles ist gut

Glanz in den Augen
Prickeln im Blut
Wir beide alleine - alles ist gut

Lass es zu
was sich nun tut
Wehre dich nicht - alles ist gut

Wie Herz an Herz
friedlich nun ruht
Die Zeit steht still - und alles ist gut

(2000)

Was ich möchte

Ich möchte dass er bleibt
der Duft deines Rasierwassers
auf meiner Haut

Ich möchte ihn weiterhin spüren
den Druck deiner Lippen
auf meinem Mund

Ich möchte dass es wiederkommt
dieses Kribbeln im Bauch
wenn du mich anschaust

Ich möchte
dass sie erhalten bleibt in mir
diese unbeschreibliche Sehnsuch nach dir

Ich möchte du möchtest wir möchten

(2000)

Du bist es

Du bist
der kleine Punkt auf meinem i
die Rose an meinem Dornenstrauch
der fehlende Knopf an meiner Jacke –
du bist es

Du bist der Strohhalm
nach dem ich greife
das Gold, das meiner Morgenstunde lacht
das Körnchen Salz in meiner Suppe -
Du bist es

Du bist Wärme wenn ich friere
Trost wenn ich weine
Liebe wenn ich hasse

Du bist das Gelb
das mein Lila leuchten lässt

ja du bist es

(2000)

Perlenzeit

Stunden mit ihm
sind wie wertvolle Perlen

Unerkannt aufgereiht
zwischen Flitter und Tand

Erst durch ihn
erwachen sie zum Leben
erhalten Glanz und Wärme
und sind mir unendlich
kostbar

(2000)

Eins sein

Mit meinem ganzen Sein
möchte ich
durch deine Augen
eintauchen in deine Seele
von ihr Besitz ergreifen

Meine Spuren darin hinterlassen
und in deinem Herzen mich verströmen

(2000)

With your love

I don't fear

to cross

a wild river

Mit deiner Liebe

habe ich keine Angst

einen wilden Fluss

zu durchqueren

Peter Mubiru

Aufbruch II

Brich auf in eine **frohe** Zeit
halte dein Herz für das Leben bereit
Regen und Sonne
der Blumen Wonne
vertreiben deine Traurigkeit

Brich auf in eine **glückliche** Zeit
halte dein Herz für die Liebe bereit
Spüre Armut und Not
Teile dein Brot
Dein Lächeln verbreite Menschlichkeit

Brich auf in eine **bessere** Zeit
halte dein Herz für die Hoffnung bereit
Die Zukunft wagen
Handeln statt klagen
das ist der Weg zur Verantwortlichkeit

Brich auf in eine **ruhige** Zeit
halte dein Herz für den Frieden bereit
Kriege und Schmerzen
Verängstigte Herzen
werden für immer Vergangenheit

Brich auf in eine **lichtvolle** Zeit
hatle dein Herz für Gott bereit
Lass ihn darin wohnen
Er wird es dir lohnen
hier und in der Ewigkeit   (2002)

Atemlos

Wenn deine Hand sich heimlich
in meine schiebt

Wenn laut pochend drängend
sich mein Herz dann gibt

Wenn deine Augen tief
in meine sich versenken

Wenn nur durch Blicke
wir einander alles schenken

Wenn ich leicht fiebernd
deine Haut berühre

und ich dann glücklich
dein Bereit-sein spüre –

sind dies die schönsten
Augenblicke meines Lebens

und das lange Aufeinanderwarten
ist nicht vergebens

(2000)

Leuchfeuer

Licht im Fenster meines Herzens
Entfacht von unserer Liebe
Genährt von Hoffen und Warten
Manchmal hell auflodernd
dann wieder leise flackernd
aaber nie verlöschend –

Wärme mich
Sei mir Zuflucht
in den dunklen Zeiten meines Daseins

wenn ich zu erfrieren drohe
an Kälte und Lieblosikgkeit

Brenne kleine Flamme
brenne

(2001)

Hingabe

Da sitzt du mir nun gegenber
mit deinem grauen Haar
und deinen hellen Augen
die von Minute zu Minute jünger wirken

Und da ist er wieder
dieser Blick
vor dem ich hilflos werde
der in mich eindringt
und dahin wandert
wo sich in diesem einmaligen Moment
mein Frausein konzentriert

Ein unsichtbarer Strom der Begierde
verbindet uns beide
Komm sagen deine Augen
Lass uns gehen

Und wir gehen in den Abend
in dessen Dunkel
ich deinem Blick nicht mehr ausgeliefert bin

Nun ergebe ich mich deinen Händen

(2002)

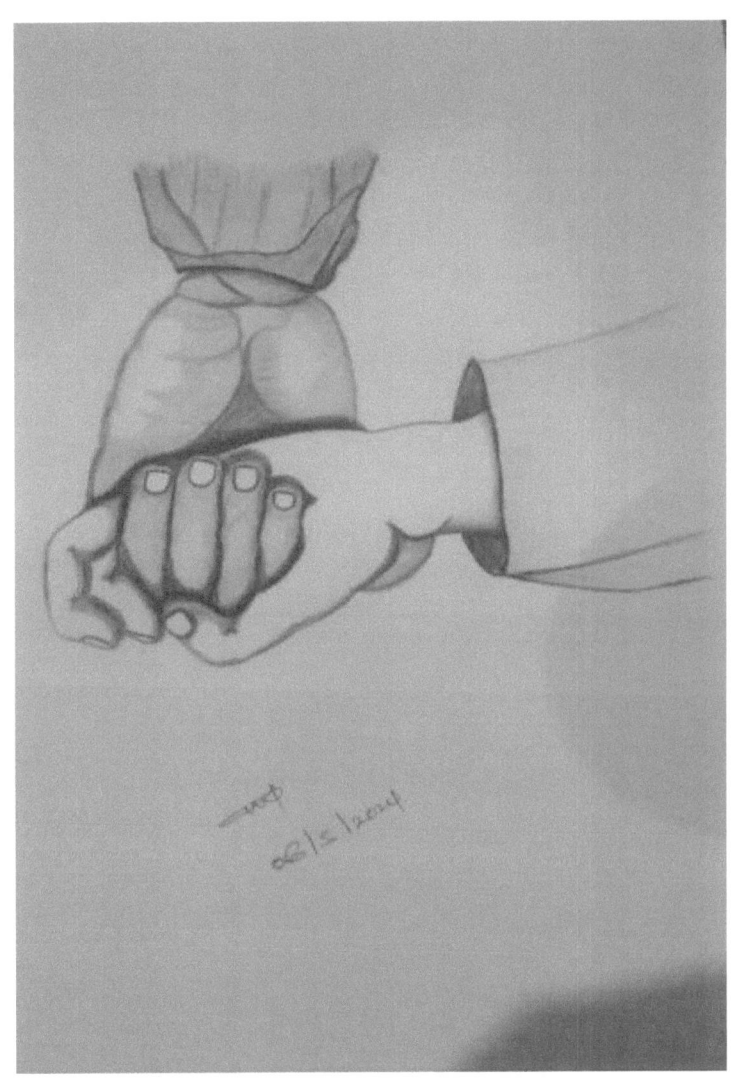

We have loved

so strongly each other

But why?

It's because

you are my soulmate

Wir haben uns

mit Hingabe

geliebt

Aber warum?

Weil du

meine Seelenverwandte

bist

Peter Mubiru

Lebenswege

Jeder Pfad
jeder Weg
jede Sraße
hat ein Ziel
das hinter Kurven liegt

Und jede Strecke
ist mit Hindernissen gepflastert

Ich sehe nur ein kleines Stück
des Weges der vor mir liegt
und weiß nicht
wie lange ich noch unterwegs sein werde

Deshalb rufe ich:
HERR zeig mir meinen Weg zu DIR
Ich will ihn gehn in Treue

(2003)

Farbenspiel

Gott lass mich einmal nur
in deinen Farbkasten schauen

Wo nimmst du es nur her

das sanfte Grün mit dem sich der Frühling
schmückt
das tiefe Rot der Rosen die von Liebe reden
das strahlende Blau des Himmels nach
einem Gewitter
das leuchtende Gelb des Ahornbaumes im
Herbst
das satte Braun der gepflügten Erde im
Spätjahr
das dunkle Violett das den Regenbogen
leuchten lässt
das matte Silber auf dem Haar eines alten
Menschen?

Vater hab Dank für meine Augen
die sich nicht satt sehen können
an all deinen Wundern

2003)

Vom Suchen und finden

Ich suchte mich
in den Augen meines Vaters
im Herzen meiner Mutter
in den Armen meines Bruders –

Da war ich nicht

Ich suchte mich
in dunklen Nächten
an der Seite meines Mannes
in kalten Tagen an der Hand meiner Kinder in
stürmischen Zeiten am Tisch meiner Freundin

Auch da war ich nicht

Ich fand mich
eines Tages auf dem Stuhl eines Psychologen
eines Nachts in einem fremden Bett
eines Morgens am Rande des Abgrunds

Da gehörte ich nicht hin

Doch plötzlich wurden meine Sinne klar
Ich sah vor mir zwei Wege:
Einen hin zu mir den anderen weg von mir

Den ersten bin ich gegangen
Nun bin ich endlich angekommen

In der Tiefe meiner selbst
hat GOTT auf mich gewartet

Er nährt mich mit seiner Liebe
Führt mich an seiner Hand
Trägt mich auf seinen Armen
Schaut mich an und sagt:

Suche nicht weiter

Ich bin dir Vater Mutter Bruder Freund

Denn ich liebe dich so wie du bist

(20003)

Eine offene Frage

Was ist Liebe? Sag es mir!
So fragte ich as Kind

Mutter nahm mich in den Arm
da war mir so wohl und warm
Und ich sah es ein: so muss Liebe sein

Ist das Liebe? fragte ich
ein paar Jahre später

Christoph küsste meinen Mund
Meine Träume wurden bunt
Ich redete mir ein: das könnte Liebe sein

Das ist Liebe! wusste ich
dann - ich war grad zwanzig

Michael war lieb und nett
landete in meinem Bett
Dazu fiel mir ein: kann das Liebe sein?

Endlich Liebe! seufzte ich
Darauf hab ich gewartet!

Helmut nahm es ganz genau
und ich wurde seine Frau
Niemals mehr allein! Das muss Liebe sein

Wo blieb die Liebe? Sag es mir
fragten wir nach Jahrfen

Sie ging verloren irgendwann
Fangen wir von vorne an?
Ich gestand mir ein: auch so kann Liebe sein

Was Liebe ist das weiß ich nun
Ich bin jetzt über fünfzig

Endlich hab ich dich getroffen
und ich werde wieder hoffen.
Einmal – fällt mir ein – muss es doch Liebe
sein

(2000)

Resignation

Ab und zu gönnen wir uns
noch leidenschaftliche Umarmungen
Doch auch diese lassen die Eiskruse
die mein Herz umgibt
nicht mehr schmelzen

Ich habe Angst
In deiner Nähe zu erfrieren

Sollten wir uns nicht …
Müssten wir uns nicht …
Wäre es nicht besser wir würden uns …
… nein ich kann dieses Wort nicht
aussprechen

Denn wie ein leises Echo höre ich in mir
noch etwas nachhallen
Worte vor über dreißig Jahren gesprochen

Bis dass der Tod euch scheidet
Lieben und Achten
Trage diesen Ring zum Zeichen deiner Treue
In guten und in schlechten Zeiten

Unsere guten Tage – wirklich vorbei?

(2004)

Bruder Hund

Kleine geschundene Kreatur
Wärst besser nicht geboren

Viel zu früh von der Mutter getrennt
liegst du hier zitternd
in Schmutz und Unrat

Dein Fell ist rau und struppig
Deine Augen haben keinen Glanz

Wenn sich Menschen nähern
stehst du hoffnungsvoll auf
Doch sie treten nach dir

Niemand denkt daran dich zu füttern
oder Wasser zu geben

Brüderchen Hund
Ich muss weinen wenn ich dich so sehe
und dir nicht helfen kann

Liebes kleines Kerlchen
Meine Tränen sind für dich

(8.3.2024)

You leave me in tears

whenever I trace your smile

But not more

Darling never leave me lonely

Du lässt mich in Tränen ausbrechen

wann immer ich dein Lächeln sehe

Aber nie mehr

lass mich einsam sein

Liebling

Peter Mubiru

So bist du

Manchmal ist es wie ein Sturm
von dir geliebt zu werden
Du forderst heraus
Bist unersättlich
Gehst über Grenzen
und nimmst mit mit

Manchmal ist es wie ein lauer Sommerwind
von dir geliebt zu werden
Beständig
Sich treiben lassend
wohlig In der Wärme deiner Umarmung

Manchmal ist es wie der Atem eines Engels
von dir geliebt zu werden
Sanft
liebevoll
behütet

Liebe mich
auf alle Arten
die du kennst

(11.11.2024)

Meine Art zu lieben

Ich lebe nicht halb – ich liebe nicht halb

Nur „ein bisschen" lieben
kann ich nicht
Ganz oder garnicht

Das volle Herz
dem Gegenüber vor die Füße legen
Warten wie er damit umgeht

Trampelt er darauf herum?
Hebt er es behutsam auf?
Streichelt er es mit sanften Händen?

Ich weiß nie was geschieht
Hab alles schon durchlebt und durchlitten
Bin stark geworden dadurch

Und werde so weiterlieben
bis zum letzten Atemzug

(14.11.2024)

Besondere Worte

Acht Buchstaben in english
Zwölf in deutsch
sagen sich so leicht
Sind Versprechen Trost Mutmacher
Bringen Wärme in die Herzen
und Glanz in die Augen

Lassen uns schwebend
durch den Alltag tanzen
Sind der Stab
der uns Sicherheit gibt
Und noch soviel mehr –

Bewege sie in dir bevor du sie sagst
Benutze sie nie als Waffe
Denn sie können
mehr Schmerz zufügen als ein Schwert

Welch großes Geschenk
sie aus ehrlichem Mund zu hören

I love you – ich liebe dich
Für heute und immer – for ever and ever

Ich verspreche es dir, mein Liebster
I promise you, my beloved

(03.12.2024)

Bei Entebbe

Große Vögel
-    alle Namen weiß ich nicht –
stolzieren über die Wiese
dort bei den Teichen

Warten auf Fische
die vielleicht auftauchen

Fliegen zu zweit oder dritt
In die hohen Bäume
am Rand der Wiese

Marabus Reiher Enten
Auch ein Kranich ist dabei

Sie scheinen sich wohlzufühlen

denn ihre Schwingen
winken mir
beim Abheben
zu

(10.12.2024)

Ein besonderer Tag

An dem Tag
als aus Ich und Du
aus Dir und mir

ein WIR wurde –

Bebte die Erde oder sie stand still

Tanzten die Sterne am Firmament

Sang der Wind in den Bäumen
ein altes Lied

Duftete das Weltall nach Rosen

Sprudelte aus Wüstensand kühles Wasser

Neigten die Berge ihre Gipfel uns zu

Glänzten die Wellen der Meere golden

WIR
Hand in Hand
auf unserem Weg

(27.12.2024)

Auf Ssese Island

Geformt wie ein Hufeisen
liegt die Insel vor uns

Es scheint
als breite sie die Arme aus
um uns willkommen zu heißen

Palmen säumen die Einfahrt zum Hafen
Geschäftiges Treiben nimmt uns auf
und drängt uns an Land

Das Auto des Hotels wartet schon
Uns zu Füßen der See
An meiner Seite der Mann
den ich liebe

Er wird mich später in seinen Armen halten
Ich werde seinem Herzschlag lauschen

Es ist friedlich so friedlich

Die Nacht wird kommen nach Kalangala
und danach ein neuer Morgen

(28.12.2024)

Ein großes DANKE an alle, die mitgeholfen haben, dass aus vielen Wörtern ein Buch geworden ist!

Zuerst meiner Tochter Birgit Weiler für die Gestaltung des Titelbildes, für das Lektorat und sonstige technische Hilfe. Ohne sie wäre dieser Gedichtband ein Traum geblieben!

Danke an meinen Co-Autor Peter Mubiru aus Kampala/Uganda, der nicht nur seine Zeichenmappe für mich geöffnet hat, sondern auch sein Herz, in dem er mir seine kurzen Liebesgedichte zur Verfügung stellte.

Und wenn sich jetzt noch Leser/Leserinnen für dieses Werk finden, danke ich diesen auch!

Johanna Maria Schwidergall

(2024)

Inhaltsverzeichnis